AF562698

UNE ERREUR

DE

M. THIERS

PRIX : UN FRANC

PARIS
LIBRAIRIE ANDRÉ SAGNIER
9, RUE VIVIENNE, 9
Près de la bibliothèque nationale

1875

UNE

ERREUR DE M. THIERS

M. Thiers, l'illustre patriote dont la France devra toujours se glorifier, a parlé cette semaine. Dans ce moment toute l'Europe lit son discours. — Nous l'avons lu aussi.

Comment ne pas admirer ce lutteur infatigable, cet homme extraordinaire, qui peut se vanter sans ambages d'avoir sauvé son pays ?

Comment ne pas être convaincu par sa parole claire et par sa logique pleine de force ?

On doit donc hésiter longtemps avant d'oser dire que dans ce discours plein d'autorité on trouve un côté faible. Et nous avons longtemps hésité, en effet, avant d'oser prendre la plume pour l'écrire. Mais l'intérêt d'une grande cause nous décide à le faire.

Oui ! le discours de M. Thiers a un côté faible.

Ce discours, déjà célèbre, on peut le diviser en deux parties : la première, relative aux affaires intérieures de la France ; la seconde, relative à la politique générale de l'Europe.

Nous n'avons pas à nous occuper de la première partie. Nous résumons en une seule phrase notre appréciation: « M. Thiers est un grand patriote qui lutte pour la grandeur de son pays. » Mais nous voulons critiquer les appréciations de cet homme d'Etat sur la situation générale de l'Europe. Et nous disons que, si les opinions énoncées dans son discours sont sincères, nous nous permettons de les trouver complétement erronées.

M. Thiers dit « Qu'il n'y a aujourd'hui en Europe aucune alliance *positive* qui ait un *but particulier*, *spécial*, *intéressé*. » Et quand M. Thiers l'affirme il faudrait le croire, car il ajoute que ce qu'il expose sur la politique extérieure « n'est pas déplacé dans sa bouche, » sans doute à cause de son entrevue avec M. de Gortschakoff et de ses relations officielles.

C'est là le grand malheur, que M. Thiers possède l'amitié de M. de Gortschakoff sans posséder comme nous la connaissance à fond de ce que c'est qu'un diplomate russe : la duplicité incarnée. Et cependant (nous l'avons déjà dit ailleurs) M. Thiers en a déjà eu la preuve en 1870.

Une alliance très-positive existe en Europe, et elle existe depuis plusieurs années. Elle existait avant la guerre de 1870, avant la guerre de 1866, et avant même la guerre de 1864. Et cette alliance est celle de M. de Bismarck avec M. de Gortschakoff.

Cette alliance vise à établir le panslavisme et le pangermanisme, appuyés non plus sur l'Occident, mais sur le Midi : sur une Italie fortifiée, agrandie. Elle vise à se partager moralement l'Europe et à diriger ses destinées. Elle vise à devenir maîtresse de la Méditerranée, et à fermer la route des Indes à l'Angleterre; et à cette dernière fin elle fondera le royaume d'Egypte.

Il y a quelques jours, nous avons publié une brochure plus étendue que celle-ci, intitulée : « L'ORIENT DEVANT L'ALLIANCE DE LA PAIX, OU LA RUSSIE A CONSTANTINOPLE (1).

Le surlendemain nous avons lu cette critique : « ..... *Dans cet opuscule plein d'appréciations judicieuses sur l'état actuel de l'Europe, développées par un esprit observateur, il y a une erreur capitale, et elle se trouve dans le point de départ; l'auteur paraît supposer que l'Alliance n'a pris naissance que tout récemment...* »

Eh bien, si cette critique peut être adressée à quelqu'un, c'est à M. Thiers, mais non à l'auteur de la brochure dont nous parlons. Celui qui nous en a honoré, confond deux choses qui sont différentes. Il confond l'Alliance des trois Empires avec l'Alliance prusso-russe. Or, dans notre brochure nous nous sommes placé seulement devant la première de ces alliances, et ce sont les conséquences immédiates de celle-là que nous avons voulu dénoncer. Et dans ces conditions notre point de départ n'a été que très-exact. En effet, la Triple Alliance austro-germano-russe n'existe que depuis peu. Mais si on nous demande quel est le point de départ de cette Triple Alliance même, alors nous répondrons que c'est l'Alliance prusso-russe, dont la naissance date de plusieurs années, et que M. Thiers, chose étonnante, paraît ignorer.

(1) Librairie E. Dentu.

En effet, l'Alliance actuelle des trois Empires n'est qu'un des actes de cette immense tragédie préparée depuis longtemps par la collaboration de M. de Bismarck avec le prince de Gortschakoff, et dont nous avons dégagé le but principal dans une des pages de notre brochure. Cette tragédie, dans son ensemble, fut échafaudée par ces hommes d'État, comme nous venons de le dire, avant même la guerre du Danemark.

Le grand esprit de suite que présente la série des graves événements déroulés depuis quelques années nous le dit assez.

Au moment où la Prusse et l'Autriche violèrent le sol du Danemark, il y avait une puissance qui avait intérêt à protester et à se placer du côté de ce royaume. Cette puissance était la Russie. Pourquoi la Russie garda-t-elle le silence? Pour cette seule raison, qu'avant de se fixer à Berlin. M. de Bismarck avait fait un long séjour à Saint-Pétersbourg, et pris souvent le thé avec le prince chancelier. Or, le thé lie bien des affaires, et il s'est trouvé qu'à force d'en boire, les deux hommes d'État avaient fini par se convaincre que l'intérêt de défendre le Danemark était pour la Russie un intérêt bien secondaire en face du grand avenir qu'ils méditaient déjà ; et la Russie à cet avenir sacrifia le Danemark.

Plus tard, au moment où la Prusse et l'Italie attaquèrent l'Autriche, nous avions en Europe trois grandes puissances qui pouvaient avoir intérêt à prendre fait et cause en faveur de cette dernière pour préserver l'équilibre européen : ces puissances étaient la France, l'Angleterre et la Russie.

Eh bien ! L'histoire nous dit pourquoi la France resta neutre : M. Benedetti fut ignoblement joué et berné à Berlin. Elle nous dit aussi pourquoi l'Angleterre resta neutre : depuis plusieurs années elle avait adopté une politique égoïste et maladroite qui lui coûte cher en ce moment; mais pour la Russie, quelle a été la raison de sa neutralité ? L'histoire ne le dit pas; et elle ne le dit pas, car la raison ne se trouve que dans cette alliance *secrète* qui, pour arriver à ses fins, a dû commencer par rendre puissante l'Allemagne et fortifier l'Italie.

Plus tard encore, quand l'Allemagne devenue puissante frappa la France, nous sûmes la raison pour laquelle l'Angleterre laissa faire : ce fut encore son égoïste et sotte neutralité. Nous sûmes la raison pour laquelle l'Autriche laissa faire : ce fut sa faiblesse, ce fut son juste ressentiment contre la France. Mais nous ne savons pas les raisons de la Russie !.... Si ! nous les savons; c'est encore et toujours l'Alliance *secrète*, qui, pour arriver à ses fins sans obstacle, a dû commencer par affaiblir et anéantir l'Occident.

Toute cette constance, tout cet ordre, tout ce calme avec lesquels l'Allemagne et la Russie ont soutenu leur rôle sans broncher, sont-ils donc de si faibles arguments aux yeux de nos politiques ?

La guerre contre le Danemark n'a été que le premier acte de l'Alliance prusso-russe. Cet acte a été nécessaire à M. de Bismarck pour familiariser les armées prussiennes avec l'odeur de la poudre; pour essayer les nouvelles armes perfectionnées ; pour étudier de près, et *en allié*, son futur adversaire ; et pour acquérir du prestige militaire. Dans cet acte M. de Bismarck ne risquait rien, allié qu'il était à un fort pour frapper un faible.

Le second acte a été la guerre contre l'Autriche, pendant lequel la France a gardé une funeste neutralité, M. de Bismarck ayant berné l'empereur Napoléon de l'espoir de lui laisser saisir la Belgique.

La guerre contre la France a été le troisième acte.

La prise de Constantinople par la Russie sera le quatrième acte,

Et le partage de l'Autriche entre l'Allemagne, l'Italie et la Russie sera le cinquième acte.

Dans notre brochure, nous n'avons pas eu à nous occuper des trois actes déjà joués, car nous n'avions pas pris la plume pour écrire l'histoire. Nous n'avons donc eu à nous occuper que du quatrième acte ; et voilà pourquoi nous nous sommes placé seulement devant la Triple Alliance. Cependant, nous avons tracé en passant l'intrigue du cinquième acte et nous avons prédit très-clairement à l'Autriche l'avenir qu'on lui prépare. Nous avons énoncé la conviction que l'Alliance prusso-russe existe depuis longtemps, et nous avons dévoilé les projets gigantesques formés par M. de Bismarck. Nous avons dit que dans la Triple

Alliance actuelle tout le bénéfice est réellement pour la Russie et pour l'Allemagne, et que nous étions étonné d'y voir entrer l'Aûtriche. Mais puisque l'Autriche y est entrée, et qu'elle le proclame elle-même, nous avons tâché d'expliquer ce phénomène, et pour l'expliquer, nous avons dû supposer que M. d'Andrassy y est entré ou forcé, pour ne pas attirer sur l'Autriche les foudres vengeresses des deux empires irrités ; ou aveuglé par le désir réel de voir résoudre par cette Alliance l'épineuse Question d'Orient ; ou enfin, — quoique ce soit moins probable,— il est entré inconscient des véritables projets des deux princes chanceliers et flatté de se montrer à l'Europe bras dessus bras dessous avec deux si puissants seigneurs si haut placés. Ces seigneurs ont daigné tendre la main à l'Autriche et lui permettre de jouer un rôle principal en Europe, trop puissants qu'ils étaient pour avoir à craindre sa prépondérance; ils lui ont donc dit : « A nous trois nous régirons l'Europe, et nous maintiendrons la paix ; » et l'Autriche prit son rôle au sérieux ; et ses rancunes s'évanouirent ; et ses soupçons furent dissipés. La Russie et l'Allemagne sont devenues à ses yeux, et par la suite aux yeux de toute l'Europe, les porte-drapeaux de la paix, « *les porte-flambeaux de la civilisation et les soldats des idées modernes* » — qu'on le demande plutôt à la Pologne qui gémit, et à l'Alsace-Lorraine qui porte le deuil !

Aujourd'hui donc, à la faveur de la poudre qu'ils ont jetée aux yeux de l'Europe, les princes chanceliers peuvent travailler à leur aise, et par un coup de surprise finir avec succès le quatrième acte de leur tragédie, et jeter même, dès aujourd'hui, les bases du cinquième. Tout le monde peut voir dans l'entrevue de Milan une preuve nouvelle de la consolidation de la paix. Si l'empereur Guillaume est allé en Italie, l'empereur François-Joseph n'y a-t-il pas été avant lui ? Personne ne peut avoir à redire à cette visite, d'autant plus que l'empereur l'a faite sans son ministre. Et cependant c'est à Milan, en l'absence de M. de Bismarck, que viennent d'être posées, nous en sommes convaincu, les dernières conditions d'une Alliance future qui n'est rien moins que pacifique. En l'absence de M. de Bismarck, car il ne fallait pas alarmer l'Europe, mais sous son inspiration, et *comme s'il était là*, ainsi qu'il l'a télégraphié lui-même. Pour M. de Bismarck (nous l'avons assez longuement expliqué dans notre première brochure), l'Alliance des trois empires n'est pas un but ; elle est un pont, une transition, pour aider la Russie à arriver *par surprise* à Constantinople. Une fois ce grand événement accompli, la Triple Alliance cessera, et il ne restera de nouveau en Europe que l'Alliance prusso-russe, cette alliance qui, secrète et non avouée, plane depuis plusieurs années sur l'Europe, et voit passer sous son ombre toutes les autres alliances temporaires que M. de Bismarck lie un jour pour les rompre le lendemain. Cette Alliance ne changera de forme que le jour où il faudra jouer le cinquième acte de la tragédie

Bismarck-Gortschakoff. Ce jour-là, elle cédera la place à une autre qui reliera l'Allemagne, la Russie et l'Italie... et peut-être aussi l'Egypte.

On nous accusera de dire des monstruosités. N'importe, nous les dirons, nous appuyant sur tous les raisonnements que nous avons exposés tout au long dans la brochure déjà mentionnée.

Pas plus tard qu'au printemps prochain, nous verrons la Russie à Constantinople.

Et avant que la présente génération ne soit passée, nous verrons l'Allemagne s'étendre de la mer du Nord à l'Adriatique, foulant le trône de la Bavière et de la Saxe, et absorbant Trieste et toutes les provinces allemandes de l'Autriche.

Nous verrons la Russie sur les bords de l'Adriatique par l'absorption des provinces slaves de l'Autriche.

La Hongrie, royaume indépendant.

L'Italie agrandie du Tyrol italien et de la Tunisie, et plus tard de Malte, et..... d'autre chose peut-être.

L'Égypte, grand État autonome (ce qui sera le seul bon côté de cette tragédie) et alliée aux trois puissances précitées.

L'île de Candie allemande.

La route des Indes par la Méditerranée fermée désormais à l'Angleterre.

Et, plus tard, la Russie maîtresse en Asie; l'Angleterre anéantie, rayée du rang des grandes nations.

Oui, nous verrons tout cela, si nous continuons à avoir en Occident *quelques mois* encore une diplomatie telle que nous l'avons aujourd'hui ; une diplomatie qui se laisse berner par des flatteries, et qui croit gagner du terrain à force de mansuétude outrée et de fausses complaisances déplacées !

La France ne voit donc pas qu'elle se trouve entre l'Italie de Machiavel, l'Allemagne de Bismarck et la Russie toujours *habile !* Elle ne comprend donc pas qu'aujourd'hui toute la politique est élaborée à Varzin, et que de Varzin il ne sort pas un mot, pas un sentiment platonique !

Bismarck vivant, tous les conseils qui viennent du dehors sont perfides. Et nous ne savons que penser, quand nous voyons M. Thiers y donner pleine foi. Notre stupéfaction est indescriptible. Nous nous demandons si c'est possible que l'illustre homme d'État se laisse égarer à ce point par le chancelier russe ! Nous ne pouvons pas le supposer, et alors nous nous demandons dans quel but M. Thiers simule-t-il cela ? Pourquoi vient-il dire, dans son discours d'hier, « qu'il ne connaît aujourd'hui aucune alliance en Europe qui ait un but « particulier, spécial, intéressé ! » Peut-il douter de l'existence de la dualité prusso-russe ? Ah ! s'il en doute, il est dans une grande erreur et il aura la douleur de voir bientôt sa clairvoyance en défaut sur la politique extérieure, lui qui a fait dernièrement preuve éclatante de clairvoyance sur la politique intérieure de son pays.

Et pourquoi, encore, M. Thiers rappelle-t-il l'incident du printemps et le voyage du tzar à

Berlin comme une preuve certaine des sympathies et des vues pacifiques de la Russie ? Peut-il ignorer la comédie qu'on a jouée sous ces apparences trompeuses [1] ?

Il est de bonne politique, nous le savons, qu'un homme d'État, que le gouvernement, que la presse fassent parfois semblant d'être myopes et bonasses, mais aujourd'hui, en France, ce n'est pas le cas. Le danger est pressant, et il faut parler au pays par des mots clairs ; en ne le faisant pas, M. Thiers commet une faute. Mais si c'est le caractère toujours officiel de ce grand citoyen qui lui défend de le faire, eh bien, alors cette humble brochure le fera. Disons donc tout haut ce que M. Thiers a peut-être voulu insinuer hier tout bas, quand il a dit « qu'en créant des difficultés à la république, on causera des malheurs, *cette fois irréparables* ! » Oui, déclarons tout haut à la France que, quand M. Thiers disait : « Prononçons-nous sans retard pour une république au-dessus de toute contestation, » il aurait pu montrer du doigt, *au delà de la frontière*, un danger imminent qui impose à la France le devoir de consolider son gouvernement. Il aurait pu proclamer qu'aujourd'hui il ne s'agit plus de préférences ni d'opinions, mais du salut commun. Il aurait pu s'écrier que, la monarchie n'étant pas possible, il faut mettre la république en dehors de toute attaque, non plus par raison de principes ou de convictions, mais à cause des événements graves qui se pressent et s'avancent !

(1) Voir la brochure déjà mentionnée.

La France a besoin de former des alliances *positives* sans délai. Trêve donc des luttes misérables intestines ! A quoi sert de discuter l'ornementation du fronton de l'édifice, quand l'édifice même est miné du dehors? Et c'est le cas ou jamais.

S'il n'y avait aujourd'hui en Europe, comme l'a dit M. Thiers, que cette alliance négative, commune entre tous les États, qui sert à préserver le repos général, ce serait parfait; mais du moment que l'Alliance prusso-russe existe, et que depuis plusieurs années elle martelle l'Europe, et qu'elle est à la veille de la tailler à sa façon, la France ne peut pas faire semblant de dormir.

Feindre le sommeil,ce serait peut-être une politique habile, si l'on avait du temps devant soi ; mais le temps matériel manquera !

Les journaux italiens vantent l'attitude calme et résignée de la France, et la France ne comprend pas que c'est Bismarck qui leur envoie le mot, et elle se dit avec satisfaction que l'Europe commence à sentir que cette *chère France* reprend sa place au milieu d'elle ; et elle ne comprend pas qu'on l'endort, et que l'on rit de son contentement !

Encore une fois, nous le disons, rien de platonique ne sort de Varzin.

La Prusse déclare à tout propos qu'elle veut le triomphe de la république, qui servira la cause de la paix.

La Prusse ment.

Oui ! la république sera le repos et la force de la France ; mais ce que la Prusse veut, ce sont les divisions intestines qui déchirent sa rivale et l'empêchent de tourner ses regards au dehors. — Oui, nous le croyons, et M. Thiers a raison de le dire, que la France soit républicaine, ou que la France soit monarchique, l'Europe ne s'en émeut pas désormais; mais aujourd'hui, dans la situation actuelle des projets de M. de Bismarck, si la Prusse proclame ses sympathies pour la république, c'est parce qu'elle voit, hélas ! que, si la république est forte et a gagné du terrain, ses adversaires ont le triste privilége d'être aussi têtus que mauvais patriotes. Elle espère que ces adversaires, plutôt que de céder, préféreront, nouveaux Samsons, faire crouler le temple, et, s'ils échappent, régner sur des ruines, mais enfin régner ! Et elle se dit, cette Allemagne avisée, que la république ne pourra pas sortir de sitôt victorieuse de ces luttes intestines.

Eh bien !

C'est tout cela et plus encore qu'on doit dire clairement à la France pour lui dessiller les yeux! c'est devant ce danger imminent qui menace du dehors qu'on peut flétrir sévèrement les royalistes et les impérialistes, qui, convaincus de ne pouvoir rétablir la monarchie, préfèrent voir leur pays déchiré jusqu'au jour où ils le verront terrassé. Ces hommes sont-ils donc si peu Français pour être à ce point Allemands? Encore s'ils n'étaient pas convaincus de l'impossibilité de fonder la monarchie! Mais ils n'ont aucun doute à cet égard, à moins de supposer qu'ils n'aient pas l'esprit sain.

Sans délai, sans retard, disons-nous, il faut à la France des alliances positives. Et pour les former il lui faut un gouvernement incontesté.

Contre l'alliance puissante italo-prusso-russe, l'Europe doit voir se dresser une alliance aussi puissante et aussi énergique entre la France, l'Angleterre, l'Autriche, la Bavière, la Saxe et la Belgique. Et si on rend celle-ci aussi loyale que l'autre, elle sera plus forte qu'elle, et l'Europe sera sauvée. Sinon, demain même, l'Europe sera la vassale des Slaves, des Germains et des Italiens.

Qu'on le sache bien : c'est de ce réveil que M. de Bismarck a peur. Et c'est seulement pour prolonger le sommeil de l'Europe et pour bercer l'Autriche qu'il a simulé de former avec elle une alliance de paix ; et c'est encore pour endormir la France que l'Italie la vante, et que l'Allemagne la caresse maintenant. La Russie et l'Italie louent sa puissance, sa sagesse, sa douceur ; elles proclament le tact politique dont font preuve son gouvernement et sa presse ; et son gouvernement et sa presse ont la faiblesse de croire que ces témoignages sont sincères, et ils ne voient pas que Bismarck s'en divertit.

Tout cela, tout, sera changé aussitôt que la Russie sera au Bosphore.

Eh bien ! la laissera-t-on y aller ?

Laissera-t-on fonder le panslavisme, qui amènera le pangermanisme, qui amènera l'Alliance italo-germano-russe ?

La France pleure d'avoir assisté impassible aux blessures de l'Autriche.

L'Angleterre pleure d'avoir assisté impassible aux blessures de la France.

L'Europe aura-t-elle aussi à pleurer d'avoir assisté impassible à la marche de l'alliance prusso-russe? A quoi donc servent les leçons cruelles? L'expérience n'est donc plus le souvenir des malheurs?

Oh! le terrible homme que M. de Bismarck! N'y aura-t-il donc pas une voix autorisée en France pour se faire l'écho de ces cris d'alarme? N'y aura-t-il pas dans l'Europe une main assez puissante pour arracher de ses yeux la visière qui l'aveugle ? Une digue de fer pour arrêter la marche triomphale de M. de Bismarck? N'y a-t-il personne enfin pour vaincre cet hercule politique, cet esprit immense, qui fait tout marcher, qui voit tout, qui est partout ? Aujourd'hui il se fait présenter comme en disgrâce, et des publicistes qui se disent politiques le répètent et y croient. Le lendemain il tombe malade et tout le monde respire et les plus vigilants s'oublient; et plus tard il ne va pas à Milan, *car, dit-on, il boude l'Italie !* Quelles comédies ! Et dire qu'on s'y laisse encore prendre ! Comme si un Bismarck qui a toujours été le succès incarné, peut jamais être en disgrâce auprès de celui ou de celle à qui il a donné un empire! Comme si un Bismarck tout-puissant peut trouver des résistances en Italie ! Et comme s'il ferait jamais voir son mécontentement, si l'Italie était assez folle pour lui résister !

Il n'est pas allé à Milan pour que nous voyions tout cela, et que nous ne voyions pas justement le but réel du voyage impérial. Et il fait dire tout cela pour que nous le répétions dans nos journaux, ainsi que nous le faisons.... sottement.

Ce fut toujours la grande force de cet homme que cet art raffiné de faire croire à ses adversaires qu'ils ont du temps devant eux.

Aujourd'hui M. de Bismarck est malade?

Que l'Europe veille !

Aujourd'hui M. de Bismarck est accablé de difficultés économiques et sociales?

Que l'Europe redouble de vigilance !

Que l'Europe se secoue ! Que l'Europe se réveille ! Il est peut-être temps encore !

Mais seulement quelques mois de perdus, et ce sera trop tard ! !

3105 —. Imprimé par Ch. Noblet, rue Soufflot, 18, Paris.

www.ingramcontent.com/pod-product-compliance
Lightning Source LLC
LaVergne TN
LVHW010328230826
846091LV00009B/3782

* 9 7 8 2 0 1 6 1 2 4 1 3 0 *